CATALOGUE

D'ARMES ANCIENNES,

EUROPÉENNES ET ORIENTALES

OBJETS D'ART ET DE CURIOSITÉ

ORFÈVRERIE ET BIJOUX ANCIENS, MEUBLES DE LA RENAISSANCE, ETC.

Composant la Collection

DE MM. MENTION ET WAGNER

Dont la vente aura lieu en leur domicile, rue des Jeûneurs, 14, à Paris,
Les lundi 19, mardi 20, mercredi 21, jeudi 22, vendredi 23 et samedi 24 mars 1838, à midi.

EXPOSITION PUBLIQUE
Les 16, 17 et 18 mars 1838, de midi à quatre heures.

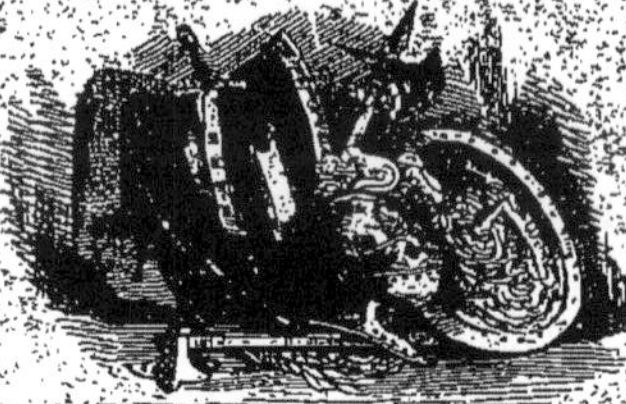

Se distribue, à Paris,

CHEZ
1° M. BONNEFONS DE LAVIALLE, Commissaire-Priseur, rue de Choiseul, 11;
2° M. BENOU, Commissaire-Priseur, rue Taranne, 12;
3° M. JUSTE, Armurier, rue Saint-Honoré, 135;
4° M. ROUSSEL, Expert, quai Malaquais, 13;
5° MM. MENTION et WAGNER, rue des Jeûneurs, 14;

A LONDRES,
Chez MM. TOWN et EMANUEL, New Bond Street, 103.

CATALOGUE

D'ARMES ANCIENNES

EUROPÉENNES ET ORIENTALES

OBJETS D'ART ET DE CURIOSITÉ

ORFÈVRERIE ET BIJOUX ANCIENS, MEUBLES DE LA RENAISSANCE, ETC.

COMPOSANT LA COLLECTION

DE

MM. MENTION ET WAGNER

Dont la vente aura lieu en leur domicile, rue des Jeûneurs, 14, à Paris,

Les lundi 19, mardi 20, mercredi 21, jeudi 22, vendredi 23 et samedi 24 mars 1838, à midi.

Prix du Catalogue, avec gravures, 3 fr. 50 c.

———◦———

EXPOSITION PUBLIQUE

Les 16, 17 et 18 mars 1838, *de midi à quatre heures.*

———

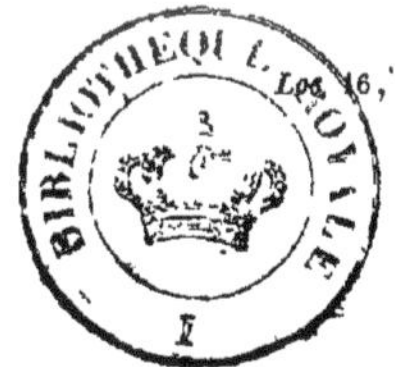

Se distribue à Paris

CHEZ
1° M. Bonnefons-de-Lavialle, Commissaire-Priseur, rue de Choiseul, 11;
2° M. Benou, Commissaire-Priseur, rue Taranne, 11;
3° M. Juste, Armurier, rue Saint-Honoré, 137;
4° M. Roussel, Expert, quai Malaquais, 19;
5° MM. Mention et Wagner, rue des Jeûneurs, 14.

A Londres

Chez MM. Town et Emmanuel, New Bond Street.

———

1838.

CONDITIONS DE LA VENTE.

Les acquéreurs seront tenus de payer 5 pour 100 en sus de leurs adjudications.

PARIS — IMPRIMERIE PANCKOUCKE,
Rue des Poitevins, 14

La connaissance des armes anciennes ayant été depuis longtemps l'objet de recherches suivies, aussi bien sous le rapport de l'histoire que sous celui de l'art, nous pensons que les personnes qui s'en occupent verront avec intérêt la mise en vente de la belle collection de MM. Mention et Wagner, qui renferme un grand nombre de pièces importantes et du plus haut intérêt.

Ces Messieurs, dans la nécessité de donner une autre destination au local occupé par cette collection, se sont vus dans l'obligation de la vendre sans réserve, ainsi que toutes les curiosités qui ornaient leurs magasins. M. Wagner, dont le goût et les connaissances l'ont mis à même de profiter des circonstances heureuses qui lui ont offert un grand nombre d'objets intéressants qu'on ne rencontre pas ordinairement, s'est déterminé, pour compléter l'ensemble de cette vente, à y joindre sa Collection particulière, jusqu'à présent restée inconnue aux amateurs.

Parmi les objets les plus importants, nous signalerons, comme méritant de fixer l'attention :

Les épées, qui offrent pour ainsi dire une série complète de toutes les formes de cette arme, depuis le xiii⁰ siècle jusqu'au xvii⁰, et qui sont en outre remarquables, en ce qu'elles sont, pour la plupart, pourvues de leurs fourreaux de l'époque, que leurs belles formes rendent précieux en complétant l'ensemble de l'arme.

La belle armure pour courir le plançon, appellera l'attention autant par sa rareté que par sa forme majestueuse; son heaume, de dimension peu ordinaire, est celui qui figure dans les armoiries des anciennes familles souveraines.

L'armure à cheval, à mi-partie, dont toutes les pièces sont gravées et dorées, est peut-être la plus importante qu'on ait encore vue dans une Collection particulière. — Celle dite à la Poulaine, d'une forme gracieuse et pure, est un type de celles du xv⁰ siècle. — L'armure à mailles du xiii⁰ siècle offre des particularités qui caractérisent positivement son époque. — Dans les armes orientales, on distinguera la suite des poignards ornés de matières précieuses, et des plus riches; l'armure japonaise, remarquable comme un objet extraordinaire et des plus rares, dont on connaît très-peu d'analogues.

Enfin, nous pourrions citer un grand nombre de pièces moins importantes sans doute, comme valeur, mais ne méritant pas moins d'intéresser les connaisseurs.

La plupart de ces objets sont figurés dans le bel ouvrage ayant pour titre : *Recueil d'objets d'art et de curiosité*, publié par mademoiselle Nauday, quai Voltaire, n° 13, à Paris.

Parmi les objets d'art et de curiosité, un grand nombre de bijoux anciens et d'objets en orfévrerie, offriront aux dames l'occasion de se procurer les parures si recherchées dans ce moment.

La suite des grès allemands et des verreries du plus beau choix, et grand nombre d'objets divers fourniront aux amateurs les moyens de compléter leurs collections dans différents genres.

Catalogue

D'ARMURES ET D'ARMES

ANCIENNES.

Armures.

1 — Armure complète du xiiie siècle, en mailles rivées. Celles de la cotte sont plates, et disposées par rangées formées alternativement par des maillons faits à l'emporte-pièce et par des maillons rivés, ce qui caractérise positivement les mailles de cette époque. Le casque, les cubitières et le gantelet sont en acier poli, et portent le timbre de fabrique.

2 — Bel haubergeron à mailles rivées très-fines; le collet, à doubles mailles, est d'un travail remarquable; le bas est orné d'une bordure dentelée à maillons de cuivre.

3 — Haubergeron semblable au précédent.

4 — Haubergeron du même genre, mais sans mailles de cuivre.

5 — Belle cotte de mailles à larges maillons rivés.

6 — Cotte de mailles, avec bordure en maillons de cuivre.

7 — Autre cotte de mailles très-fines à longues mailles.

8 — Très-belle cotte de mailles à maillons rivés, d'une finesse remarquable, avec semé de petites étoiles en argent, et agrafes figurant le soleil et la lune.

9 — Haubergeron du xvie siècle, à maillons aplatis et en partie rivés avec bordure en maillons de cuivre, portant la devise de Charles-Quint : *Non nobis, Domine, non nobis. Plus oultre.*

10 — Très-belle armure complète du xve siècle, en acier poli, avec chaussure à la poulaine ; le casque à ventaux est à double visière ; le devant et le derrière de la cuirasse sont composés de pièces articulées dont les contours gracieux décrivent des lignes qui servent d'ornement, et se combinent avec celles des autres pièces de l'armure. Elle est en outre garnie de la maille de l'époque, dont la partie formant braguette est des plus curieuses, et peut être considérée comme la seule connue de ce genre. — Cette belle armure, qui offre la même disposition dans les mailles, que celles n° 1, est des plus remarquables, autant par l'élégance et la pureté de ses formes, que par le complet de son ensemble, qualités très-rares dans les armures de cette époque.

11 — Armure des premiers temps de Maximilien, sur son cheval bardé. — L'armure cannelée est entrecoupée de bandes plates, sur lesquelles se trouvent des flammes de blason gravées et dorées. Le haut de la cuirasse et plusieurs autres parties de l'armure ont une bordure crénelée, ornée de croissants faisant partie du blason. Le casque à bourrelet est d'une forme curieuse et rare. — L'armure du cheval à demi-partie est à cannelures, dans les mêmes dispositions que celle de l'homme, et porte les mêmes sujets de blason dans toutes les parties ; seulement le côté droit est à cannelures égales et unies. — Cette armure extraordinaire peut être considérée comme unique, en ce que le cheval est entièrement enveloppé de cuirasse, le cou étant bardé dessus et dessous. Le chanfrein, de la plus grande beauté, porte un écus-

son armorié, au milieu duquel est une flamme dorée
en saillie. — On peut, d'après les armoiries, recon-
naître le personnage à qui cette armure a appartenu. On pense qu'il pourrait être de la famille de
Tour et La Taxis.

12 — Cuirasse de femme du xvie siècle, objet rare et des plus
curieux.

13 — Armure de tournois du commencement du xvie siècle.
Cette belle pièce, en acier poli, porte un heaume avec
visière de recouvrement; elle est garnie de ses pièces
de renfort et de son manteau d'armes. Sa cuirasse,
d'une élévation peu ordinaire, lui donne un caractère particulier.

14 — Belle armure cannelée du xve siècle, pour courir le
plançon (Scharfrenner). — Le heaume, de forme hé-
raldique, est du plus beau caractère; la cuirasse
porte un manteau d'armes renforcé par un treillis à
losanges, et un double crochet pour soutenir la lance.
Toutes les autres pièces de l'armure, d'une force pro-
portionnée au genre de combat auquel elle était destinée, sont en parfait état. — Ce genre d'armures est
d'autant plus rare qu'elles n'étaient point d'un usage
habituel; les hauts seigneurs ne s'en servaient que
dans des circonstances extraordinaires, telles que des
défis et des combats à outrance. — Le harnachement
du cheval, en velours noir brodé, ainsi que les broderies de la housse, sont du temps, et les mêmes qui
ont servi avec cette armure. Il existe encore quelques morceaux de la housse, qui pourraient servir de
modèle pour la rétablir dans l'état primitif. — Les
housses et harnachements des armures du musée de
Dresde sont semblables à ceux-ci. Tous les rensei-
gnements pris sur cette armure, prouvent qu'elle a
appartenu au duc Jean de Saxe.

15 — Armure cannelée du commencement du xvie siècle.

Cette armure, remarquable par la finesse et la netteté de ses cannelures, est d'un dessin pur et d'un bel ensemble.

16 — Armure de l'ordre teutonique, en acier poli, du xvie siècle. Le casque, très-curieux, est à double visière; la cuirasse, d'une forme rare, n'a son analogue qu'au musée d'artillerie de Paris.—Cette pièce, ainsi que les n°s 1 et 21, étaient déposés dans l'ancien couvent des Ursulines, à Breslau. Elle a appartenu à Jean-Frédéric Mayer, chef de camp d'Argan.

17 — Très-belle armure allemande du xvie siècle, dont toutes les pièces sont enrichies de bandes d'arabesques gravées et dorées; le devant de la cuirasse est orné d'un médaillon armorié, avec cette inscription allemande : *Que Dieu protége rien autant que mon âme et mon honneur.* Au-dessous du médaillon, un cœur couronné, entre deux Bonnes-fois, et les initiales H. I. — Cette riche armure est des plus complètes et d'une conservation rare.

18 — Autre armure complète de la fin du xvie siècle, avec casque à visière d'une très-belle forme; elle est ornée de bandes d'arabesques gravées et dorées d'un beau style et très-riches.

19 — Armure de la même époque, gravée et dorée, avec casque, bourguignote à oreilles.

20 — Demi-armure unie, avec quelques ornements repoussés.

21 — Demi-armure en acier poli, du temps de Maximilien.

22 — Autre demi-armure, tout unie, de même époque.

23 — *Dito,*   *dito.*

24 — Petite demi-armure unie, en acier poli; elle se distingue par la beauté de ses formes; son casque est une bourguignote à oreilles.

25 — Dos et devant de cuirasse du xvie siècle, en fer repoussé, entièrement couverts d'arabesques, mascarons et

figures du plus beau style et d'une exécution parfaite, se détachant, sur un fond pointillé et doré.
Sur le devant, on distingue le dieu Mars, debout
entre Diane et Bellone. Dans le haut, deux génies
de chaque côté d'un riche mascaron.

26 — Demi-armure noire, avec bandes gravées.

27 — Armure unie, du commencement du xviie siècle, avec
colletin descendant, formant double cuirasse. —
Cette armure, complète dans toutes pièces, peut être
considérée comme un beau type de cette époque.

28 — Armure de reître suédois, sous Gustave-Adolphe,
composée de sa cuirasse, des tassettes, du casque, à
nasale, du buffletin et fortes bottes.

Casques, Heaumes et Fragments.

29 — Heaume et devant de cuirasse espagnols, très-riches
d'ornements gravés et dorés. La cuirasse offre, sur
la bande du milieu, la double aigle impériale, surmontée d'un Christ; au pied de la croix sont un chevalier et une femme agenouillés; dans le haut, des
combats de cavalerie.

30 — Casque (heaume) à visière pointue très-avancée. Ce
casque est d'une jolie forme; et en très-bon état.

31 — Heaume avec trois fortes nervures sur la bombe.

32 — Heaume cannelé, visière à soufflet.

33 — Casque (morion) couvert d'ornements gravés et de
sujets représentant les travaux d'Hercule.

34 — Autre morion, à dessins gravés, dont les fonds sont
dorés.

35 — Heaume à bourrelet, en acier poli, tout uni.

36 — Morion gravé et doré, avec sujets de chasse.

37 — Autre morion, entièrement couvert de gravures, avec
écussons armoriés, supportés par des boucs.

38 — Deux casques de reîtres, en fer poli, garnis de leurs nasales.

39 — Deux morions saxons, avec ornements gravés et dorés et mascarons à tête de lion en cuivre doré.

40 — Demi-chanfrein uni, d'une très-jolie forme, avec écusson, destiné à recevoir des armoiries.

41 — Muselière de cheval, en fer forgé et ciselé, avec inscription latine *(Jules, duc de Bronswick et de Lunebourg).*

42 — Épaulière et brassard espagnols, gravés et dorés, très-riches.

43 — Très-joli demi-chanfrein, gravé et doré.

44 — Plusieurs casques de formes variées seront vendus sous ce numéro.

45 — Divers débris d'armures seront vendus par lots.

46 — Demi-chanfrein en acier poli, portant un écusson aux armes de Brandbourg. Il est garni de ses courroies en velours du temps.

47 — Muselière en fer argenté, avec mors et caparaçon, garnis de leurs courroies en velours et de leurs houpettes du temps.

Boucliers.

48 — Bouclier rond en fer, entièrement couvert d'arabesques gravées et dorées du meilleur style.

49 — Autre bouclier rond, gravé et doré; au milieu une étoile à rayons flamboyants.

50 — Deux pavois allemands. Au milieu de l'un, une croix noire, le chef rouge; et sur l'autre deux tours crénelées.

51 — Plusieurs boucliers en acier poli de différentes dimensions et ornements.

52 — Paire d'éperons du xvi⁰ siècle, couverts d'ornements, ciselés en argent de rapport.

53 — Autre paire d'éperons en fer ciselé, avec roulettes découpées à jour, d'un travail très-soigné.

54 — Plusieurs paires d'éperons seront vendues sous ce numéro.

Arbalètes.

55 — Forte arbalète de rempart du xv⁰ siècle, avec son cranequin, portant les signes du zodiaque, gravés sur
la rondelle. La monture est en ébène et ivoire, avec
dessins gravés.

56 — Très-jolie arbalète avec son cranequin garni en cuivre
doré et ciselé ; la monture, en bois d'ébène et ivoire,
est très-finement gravée.

57 — Arbalète du même genre que la précédente, avec incrustations de nacre de perle.

58 — *Dito*, plus petite, en ébène et ivoire gravé.

59 — Petite arbalète du xvi⁰ siècle, en bois sculpté, d'une
très-belle forme ; la monture, en fer ciselé et damasquinée d'or et d'argent, est d'une grande finesse de
travail, et porte des blasons sculptés en relief.

60 — Arbalète avec monture en marqueterie d'ivoire et bois
de couleur.

61 — Plusieurs autres arbalètes seront vendues sous ce numéro.

Hallebardes.

62 — Hallebarde du xvi⁰ siècle, à longue pointe très-effilée,
entièrement couverte d'ornements gravés, dont les
fonds sont dorés.

63 — Autre hallebarde, du même temps, gravée et dorée,
avec écusson aux armes de Mayence.

64 — Huit autres hallebardes à peu près semblables, très-
riches de gravure et élégantes de forme.

65 — Quatre hallebardes portant les armes de Pologne; elles sont gravées et dorées.

66 — Trois porte-mèches du xvie siècle, surmontés de piques.

67 — Lance de tournois du xvie siècle, garnie de sa rondelle en acier poli.

68 — Rondelle de lance du xvie siècle, en acier poli.

Drapeaux et Étendards.

69 — Drapeau de Fribourg, à croix blanche.

70 — Drapeau de Bourgogne, portant la croix de Saint-André. Dans les angles, des broderies de couleur.

71 — Petit étendard suisse aux trois couleurs, rouge, blanc et noir, avec armoiries au milieu.

72 — Drapeau aux armes de Berne.

73 — *Dito*, plus petit.

Épées et Glaives.

74 — Épée du xiiie siècle, à pommeau plat et croisette courbe; la lame, large, porte une sphère surmontée de la double croix. — Cette pièce, déjà si rare par elle-même, à cause de son époque, est munie de son fourreau en cuir gauffré, avec ornements dans le style byzantin, et porte les empreintes d'ornements curieux fixés, qui étaient vraisemblablement en matières précieuses, et qui auront occasionné leur destruction.

75 — Très-belle épée à deux mains, dont la garde et le pommeau à cannelures, sont couverts d'ornements gravés, dont les fonds sont dorés.

76 — Épée du xive siècle; garde en fer unic; le fourreau, du temps, en cuir gauffré, est semé de fleurs-de-lys.

77 — Glaive du xve siècle; lame large marquée au loup; monture et barrette en fer doré.

78 — Glaive du xve siècle, à forte lame ; pommeau et garde pleines en fer.

79 — Grande épée du xve siècle, à lame triangulaire, très-forte. La monture est en fer.

80 — Autre épée du même genre, mais dont la lame est à 4 carres.

81 — Épée du xve siècle ; lame 4 carres très-forte, monture à croisette, en fer.

82 — Épée du xve siècle. La poignée, en peau de requin, a la monture noire en fer d'une très-jolie forme. La lame, formant scie du côté opposé au tranchant, est incrustée en cuivre.

83 — Épée du xve siècle ; monture simple en fer, avec le fourreau du temps, en cuir.

84 — Épée à lame forte et longue, avec nervures, monture en fer uni.

85 — Grande et belle épée du xve siècle ; la lame, large, porte la marque du loup ; la monture à croisette en fer.

86 — Très-belle épée ; la monture en fer ; la lame, cannelée et dorée, porte le nom du fabricant ; fourreau du temps en cuir gauffré.

87 — Épée allemande du xve siècle, monture en fer ; le fourreau, du temps, est en cuir et garni en fer ciselé.

88 — Épée de l'ordre teutonique ; monture en acier poli et bronzé noir.

89 — Épée brandbourgeoise ; la lame est très-large et la monture en fer doré.

90 — Quatre épées à deux mains, à lames flamboyantes ; elles sont de très-belles formes et en bon état.

91 — Quatre autres épées à deux mains et à lames unies ; elles portent toutes leurs anciennes garnitures en cuir.

92 — Deux autres épées à deux mains, du même genre que les précédentes.

93 — Grande et forte épée de combat, avec monture, in-

crustée de bandelettes en cuivre doré, et belle lame
droite.

94 — Glaive à monture en fer doré; la forme d'un beau
caractère.

95 — Forte épée allemande; la garde, à treillis, est à peu
près de la forme de celles des claymores écossaises.

96 — Autre épée allemande de même forme.

97 — Épée de même forme que les précédentes, mais dont
la garde est dorée.

98 — Petite épée, à monture en fer doré et pommeau cannelé.

99 — Épée à lame flamboyante; monture noire en fer.

100 — Épée très-forte à lame large; la monture cannelée en
fer, est plaquée d'argent.

101 — Belle épée allemande, avec monture noire en fer, à barrette droite.

102 — Épée à forte lame cannelée; la poignée, à croisette cour-
bée, est d'une jolie forme.

103 — Épée allemande, lame à 4 carres très-forte, monture
noire en fer.

104 — Épée brandbourgeoise; monture noire en fer.

105 — Très-joli glaive italien; monture à barrette très-riche-
ment ciselée, argentée et dorée.

106 — Belle épée du xvie siècle; la monture est enrichie, sur le
devant de la garde, d'incrustations en argent ciselé;
le côté opposé est doré.

107 — Très-belle épée saxonne de la fin du xve siècle; la monture noire en fer guilloché, et d'une très-belle forme,
est enrichie d'ornements en argent ciselés et travaillés à jour; le fourreau, du temps, est garni en argent.

108 — Autre épée saxonne; la monture noire en fer poli, a la
garde formée par une plaque d'argent découpée à
jour; le fourreau, du temps, est garni en argent.

109 — Épée du xvie siècle, monture très-riche d'arabesques
ciselées en relief; les fonds sont dorés.

110 — Très-jolie épée italienne du xvie siècle; la monture,
d'une forme élégante, est couverte d'arabesques très-
fines et damasquinée en or.

111 — Épée du xvie siècle ; monture unie en fer.

112 — Épée de la fin du xvie siècle ; monture en fer doré très-
élégante.

113 — Épée du xvie siècle, dont la monture en fer, enrichie
d'arabesques très-fines, damasquinée en or, est un
peu fatiguée. Elle a appartenu à un électeur de Saxe,
et porte la date de 1590.

114 — Épée du xvie siècle, dont la monture en fer est enrichie
d'ornements ciselés en argent de rapport.

115 — Autre épée du même genre, moins bien conservée.

116 — Épée du xvie siècle; la garde et le pommeau en fer ciselé, sont terminés par des têtes casquées, et ornés
d'incrustations en argent.

117 — Glaive du temps de Maximilien; belle lame et pommeau
ciselé.

118 — Beau glaive du xvie siècle; monture en fer, cannelée et
dorée.

119 — Très-belle épée du temps de Maximilien, à pommeau
et garde cannelés.

120 — Épée très-curieuse, avec inscriptions et armes de Na-
ples, gravées et dorées sur la lame; la monture noire
est en fer.

121 — Épée espagnole; garde et pommeau à cannelures en fer.

122 — Très-belle épée italienne du xvie siècle; la poignée, de
forme élégante, est cannelée et enrichie de filets
dorés.

123 — Très-jolie épée; la monture italienne, en fer ciselé, est
d'un travail fini et gracieux.

124 — Jolie épée italienne; monture en fer à panier, découpée
à jour et dorée.

125 — Épée avec garde et pommeau travaillés à jour.

126 — Épée, garde et pommeau à jour, en fer doré.

127 — Épée allemande; la poignée, en fer ciselé, est plaquée
d'argent doré; la lame est très-belle, et porte des
devises latines.

128 — Épée avec garde, en fer à panier, très-finement découpée à jour.

129 — Épée espagnole portant une inscription sur la lame et
le timbre de l'aigle double; la monture noire en fer.

130 — Épée avec garde à panier, découpée à jour.

131 — Très-jolie petite épée italienne; le pommeau et la garde,
en fer doré, sont travaillés à jour.

132 — Petite épée avec garde en fer, plaquée d'or; la lame
espagnole porte une inscription.

133 — Jolie épée espagnole, avec lame de Tolède.

134 — Épée allemande; la monture en fer, plaquée d'argent,
est de forme très-curieuse.

135 — Petite épée espagnole; la monture en acier poli.

136 — Petite épée de Brandbourg, avec monture en fer, gravée
et pointillée.

137 — Petite épée du temps de Louis XIII; pommeau et coquille travaillés à jour.

138 — Petite épée espagnole de la même époque; la lame est
gravée et dorée.

139 — Épée mauresque; très-belle lame flamboyante en damas;
la poignée et la garde en fer ciselé se terminent par
des fruits, qui se trouvent ordinairement figurés
dans les armoiries de Grenade.

140 — Très-belle épée; la lame, armoriée, porte un calendrier;
la poignée, d'une très-belle forme, a le pommeau plat
et la garde en fer ciselé, avec combat de cavalerie.

141 — Dague italienne du xvie siècle, avec figurine, mascarons et griffons sculptés en relief sur la garde et sur
le pommeau.

142 — Plusieurs épées de formes variées seront vendues sous
ce numéro.

143 — Glaive d'exécution; monture en cuivre et lame gravée

offrant d'un côté saint Michel, de l'autre, des emblè-
mes de supplices, avec inscription latine.

144 — Autre glaive d'exécution, plus petit.

Dagues.

145 — Dague miséricorde du xve siècle, à lame triangulaire
et poignée en fer ciselé ; le fourreau, en cuir, est garni
d'un petit couteau et d'un poinçon.

146 — Dague suisse du xvie siècle ; la poignée en fer, avec
ornements ciselés. Le fourreau, couvert d'ornements
avec personnages en fer repoussé, est garni d'un couteau et d'un poinçon ; le ceinturon, du temps, en
velours noir, a sa garniture en fer repoussé.

147 — Dague allemande du xvie siècle ; la poignée, la garde
et le fourreau en fer, sont couverts d'arabesques
gravées et découpées à jour.

148 — Dague allemande du xvie siècle, d'une très-jolie forme ;
la lame est gravée et dorée ; le pommeau, la garde et
la garniture du fourreau sont en fer gravé et damasquiné d'argent.

149 — Très-jolie petite dague du xvie siècle ; le pommeau, la
garde et la garniture du fourreau sont en fer ciselé
et damasquiné d'or et d'argent, avec de petits nœuds
en argent fixés, dans des cavités réservées dans les
ornements.

150 — Dague du xvie siècle ; monture en fer ciselé, ornée de
mascarons et d'arabesques en relief, d'un beau style,
avec damasquine en or.

151 — Très-belle dague de sénateur vénitien (dite langue de
bœuf) ; la poignée, en ivoire, est ornée de petites rosaces en cuivre, découpées à jour ; sa large lame est
couverte d'ornements et de figures gravées et dorées.
Cette arme remarquable a la lame, la barrette et le

support de poignée forgés d'un seul morceau. Le fourreau, du temps, est en cuir gauffré, avec ornements dans le style gothique.

152 — Dague espagnole du xvie siècle. La garde, en acier poli, est garnie intérieurement d'une applique d'ornements, découpée à jour en acier ciselé.

153 — Dague espagnole du xvie siècle, très-curieuse par sa forme; le pommeau et la garde en fer doré. Le fourreau, en cuir gauffré, contient deux couteaux et un poinçon.

154 — Dague du xvie siècle, dont la poignée et la garde, en fer ciselé, ont les fonds dorés.

155 — Jolie petite dague du xvie siècle; la poignée, en fer ciselé, est formée d'entrelas.

156 — Très-belle dague du xvie siècle. La monture noire, en fer guilloché, est garnie de plaques d'argent à dessins à jour. Elle est destinée à accompagner l'épée n° 107.

157 — Très-jolie dague du xvie siècle; le pommeau et la garde sont enrichis d'ornements ciselés en or et en argent de rapport.

158 — Forte dague du xvie siècle; la monture à cannelures, d'une très-belle forme, est plaquée d'argent. Elle était destinée à accompagner l'épée n° 100.

159 — Dague italienne du xvie siècle; pommeau et garde avec tête de chien et ornements en argent de rapport.

160 — Dague du xvie siècle; le pommeau, la garde et la garniture de fourreau sont cannelés et en fer doré.

161 — Dague, pommeau et garde à facettes en acier bronzé, allant avec l'épée n° 88.

162 — Petite dague; garde et pommeau unis en fer.

163 — Dague du xvie siècle; monture en fer doré, dont le pommeau est à godrons.

164 — Dague très-curieuse, en ce que la lame se divise en trois branches, au moyen d'un ressort placé près de la poignée; elle est en fer doré.

165 — Dague miséricorde à lame triangulaire; la monture tout
en fer ciselé.

166 — Dague italienne du xvie siècle; monture et garniture du
fourreau à cannelures; la poignée est tressée d'argent.

167 — Dague du xvie siècle; pommeau et gardé en fer ciselé; argentée et dorée. Destinée à accompagner l'épée n°

168 — Petite dague dont la lame est gravée et dorée; le pommeau figure une fleur de lis, et le fourreau, en cuir,
contient deux petits couteaux.

169 — Petite dague misericorde à poignée et garde en fer.

170 — Petite dague, pommeau et garde en fer doré, ainsi que
la garniture du fourreau.

171 — Dague dont le pommeau et la garde sont gravés et
dorés.

172 — Dague du xvie siècle; pommeau et garde travaillés à jour
en fer doré. Destinée à accompagner l'épée n° 126.

173 — Dague du temps de François Ier; le pommeau et la
garde avec ornements et combats de cavaliers, exé-
cutés en relief.

174 — Dague à lame large et d'une jolie forme; la monture
est plaqué d'argent.

175 — Plusieurs dagues seront vendues sous ce numéro.

Sabres.

176 — Sabre polonais; lame cannelée; coquille et pommeau à
godrons.

177 — Autre sabre polonais; pommeau à tête d'aigle et virolle
en argent gravé.

178 — Sabre polonais dont le pommeau est formé par une
main obscène.

179 — Sabre hongrois; la poignée en fer est à cannelures
très-fines; la garde se termine par des têtes d'animaux chimériques.

Armes de chasse.

180 — Sabre de chasse allemand, du xve siècle, à très-forte
lame; la poignée, en fer, est à cannelures; le fourreau,
du temps, en cuir gauffré, est garni de huit petits
couteaux et poinçons. — Cette arme rare est très-
curieuse et d'un beau caractère.

181 — Couteau de chasse allemand, du xvie siècle; le manche
est garni en fer et ivoire, avec incrustation de nacre
de perle; le fourreau, très-beau, en fer gravé, contient divers petits instruments.

182 — Petit épieu de chasse, avec ornements et armoiries
gravés et dorés; la garniture, du temps, en velours
noir très-finement brodé.

183 — Autre épieu de chasse semblable.

184 — Bel épieu de chasse, richement décoré d'arabesques
gravées et dorées aux armes de l'empire.

185 — Couteau de chasse, dont la poignée et la garde, en ivoire
sculpté, sont formés de groupes d'animaux; le fourreau, garni en ivoire du même travail, contient deux
petits couteaux dont les manches sont sculptés.

186 — Couteau de chasse du xvie siècle; la poignée, en bois
sculpté, est formée par un groupe d'enfants et
d'oiseaux; la virole et la naissance de la lame sont
enrichis d'arabesques très-finement damasquinées
en or et en argent; le fourreau, en argent doré,
orné de belles arabesques en relief, avec sujet de
Mars et Vénus, contient deux petits couteaux à manches de bois sculpté, avec viroles et ornements d'un
travail semblable à celui du grand couteau.

187 — Couteau de chasse du temps de Louis XIV; la poignée
et la garniture du fourreau, en acier, sont couverts
d'ornements ciselés en or de rapport, d'une finesse
remarquable.

188 — Oliphan en ivoire sculpté, du xvie siècle, à tête de san-
glier, avec ornements et sujets de chasse en relief.

189 — Deux couteaux à manches d'agate orientale, cannelés;
dans un fourreau dont la garniture, en trois parties,
est riche d'ornements découpés à jour en argent
doré.

Armes à feu.

190 — Carabine à rouet, du xvie siècle; monture en ébène
avec incrustations d'ivoire et de nacre de perle
gravée.

191 — Petite carabine pied-de-biche; platine à rouet, monture en bois, entièrement couverte d'incrustations
en ivoire.

192 — Jolie petite carabine de même forme; platine à rouet
gravée; la monture en bois avec incrustations en
ivoire.

193 — Carabine avec platine à rouet gravée; la monture en
bois très-riche d'incrustations en ivoire et nacre de
perle.

194 — Petite carabine à rouet; la monture, en bois sculpté,
offre des sujets de chasse en relief.

195 — Carabine à rouet; la monture en bois avec incrustations
de fer gravé.

196 — Fusil à rouet; la monture, en bois, est enrichie de jolies
arabesques en ivoire incrustées. Le canon porte la
date de 1608.

197 — Fusil du temps de Louis XIV, la batterie et le canon
sont enrichis de sujets et ornements ciselés, dont
les fonds sont dorés.

198 — Plusieurs carabines et fusils à mèche et à rouet seront
vendus sous ce numéro.

199 — Paire de pistolets à rouet du xvie siècle; monture en
bois incrustée d'ornements en ivoire avec armoi-

ries gravées; le pommeau, en forme de poire, est cannelé.

200 — Paire de pistolets à rouet, du xvie siècle; monture en bois noir avec incrustations en ivoire gravé, garnie d'une rosace armoriée et d'une virole en argent.

201 — Deux autres paires de pistolets semblables aux précédents.

202 — Paire de pistolets à rouet, monture en bois d'une forme très-élégante, avec incrustations d'ivoire gravé.

203 — Paire de pistolets à rouet, du xvie siècle; la monture et la crosse, formées par une grosse boule, sont entièrement couvertes d'ornements très-fins en ivoire incrusté; canons unis portant la date de 1587.

204 — Deux autres paires de pistolets semblables, portant la date de 1577.

205 — Trois autres paires du même genre, dont les incrustations sont d'une finesse extraordinaire.

206 — Joli pistolet à rouet; monture en bois avec ornements de cuivre incrustés; le canon est tout couvert d'arabesques avec figures ciselées et dorées.

207 — Pistolet à rouet; monture en bois avec incrustations en ivoire.

208 — Poire à poudre du xve siècle, en corne de cerf gravée, montée en argent; très-remarquable par son époque et le caractère du dessin.

209 — Poire à poudre du xvie siècle, en corne noire; la monture en fer avec ornements et armoiries gravés; elle est munie de sa cartouchière et de son porte-pierre.

210 — Une autre toute semblable.

211 — Très-jolie poire à poudre du xvie siècle, sculptée, avec armoiries et garniture en fer.

212 — Poire à poudre du xvie siècle, en corne de cerf sculptée, avec bas-relief représentant Bethsabé au bain; la garniture est en fer gravé.

213 — Poire à poudre du xvie siècle, en corne de cerf sculptée; le bas-relief représente Agar et Abraham; la
monture, en fer, est gravée et dorée.

214 — Poire à poudre du xvie siècle, en cuir, avec monture en
fer, très-riche d'ornements gravés; elle est accompa-
gnée de sa clef d'arquebuse en fer gravé.

215 — Poire à poudre du même travail, mais différente de
forme.

216 — Poire à poudre du xvie siècle; elle a la forme d'une
demi-sphère, et est couverte entièrement d'incrustations en ivoire; monture en fer.

217 — Deux très-belles poires à poudre du temps de Louis XIV.
Elles sont en écaille incrustée d'ornements en or, et
piqué d'or avec sujets de chasse en nacre de perle;
les crochets et les pièces formant ressort sont en or
massif ciselé.

218 — Sac à plomb en velours vert, richement brodé en argent doré. Le fermoir en écaille, avec incrustations
en or et nacre de perle, d'un travail semblable à
celui des poires à poudre, est également garni en
or. — Ces trois articles, remarquables par leur ri-
chesse et leur parfaite conservation, seront divisés
ou réunis, au gré des acquéreurs.

219 — Poire à poudre du xvie siècle, incrustée d'ornements
très-fins en ivoire; monture en fer.

220 — Poire à poudre du xvie siècle, en ébène sculpté; le bas-
relief représente un hallebardier. Elle est munie de
sa cartouchière, de son porte-pierres et des lanières
du temps.

221 — Boîte à cartouches du xvie siècle, en bois, entièrement
couverte d'incrustations en ivoire, d'un dessin très-
fin; la monture en fer.

222 — Boîte à cartouches du xvie siècle, avec très-fines arabesques en ivoire, incrustées dans du bois d'ébène.
La monture, en fer gravé, porte un écusson armorié.

223 — Plusieurs bandoulières à cartouches, du xvie siècle, en velours noir, avec garnitures et masques de lion en cuivre doré, qui supportent les cartouchières.

Armures et Armes orientales.

224 — Armure indienne en damas, composée d'un casque, quatre plaques formant cuirasse, et deux brassards, avec ornements en relief et bordure d'arabesques damasquinées en or.

225 — Autre armure indienne en très-beau damas ronceux. Toutes les pièces sont entourées d'une riche bordure d'arabesques damasquinées en or, d'une grande délicatesse de travail.

226 — Bouclier en peau de rhinocéros transparente, garni de six rosaces damasquinées en or.

227 — Bouclier chinois en vieux laque, fond noir à dessins d'or.

228 — Étendard turc (dit queue de cheval), surmonté d'un disque en cuivre plaqué d'argent, portant une sentence arabe dont les caractères sont en relief. Objet curieux et des plus rares.

229 — Autre étendard turc surmonté d'un fer de lance creux, en damas noir.

230 — Armure japonaise laquée sur fer, composée d'un masque en fer laqué en noir, d'un casque avec ornements et garniture en bronze doré, d'une cuirasse, épaulières et tassettes formant cuissards, composées de bandelettes unies entre elles par des lacets de soie, et de gantelets et brassards dans le même système. Cette armure curieuse est des plus rares.

Poignards.

231 — Poignard turc; la poignée en jade vert, avec ornements sculptés en relief; la lame, en damas, est damasquinée

d'or, et le fourreau, en velours rouge, garni en argent doré.

232 — Autre poignard turc, d'un travail analogue au précédent.

233 — Poignard persan; poignée en jade vert, sculptée et enrichie de rubis; la lame, en damas d'une belle qualité, a des ornements en relief; le fourreau est garni en vermeil.

234 — Autre poignard persan; la poignée, en jade blanc, est enrichie d'émeraudes; lame en damas avec ornements en relief; le fourreau en vermeil garni d'un cercle d'émeraudes.

235 — Poignard indien; la poignée, en jade, se termine en haut par des fruits, et le bas est garni d'un cercle de rubis. La lame cannelée en damas; le fourreau en argent doré et ciselé.

236 — Poignard turc; la poignée en fer doré; la lame porte des ornements damasquinés d'or, et le fourreau, en velours, est garni en argent.

237 — Autre poignard turc; lame cannelée en damas; la poignée en dent de vache marine sculptée; le fourreau garni en argent.

238 — Poignard persan; la poignée, en jade sculpté, est enrichie d'émeraudes et de rubis; la lame en damas, avec ornements damasquinés en or; la garniture du fourreau est en jade sculpté, d'un travail analogue à celui de la poignée.

239 — Autre poignard persan, avec poignée en jade vert, d'un travail précieux, a la garde évidée dans la masse, et le haut se termine par des fruits; le fourreau a sa garniture en jade sculpté, et la lame, en damas, est incrustée d'or.

240 — Poignard persan, dont la poignée, à garde évidée dans la masse, est en sardoine claire, ainsi que la garniture du fourreau; la lame, en damas, a des ornements damasquinés en or.

241 — Poignard turc; la poignée, en jade vert sculpté, est enrichie de rubis; la lame, en damas avec damasquines
d'or, a le fourreau en argent doré orné de rubis.

242 — Poignard indien; la lame et la poignée riches d'ornements ciselés en argent, d'un travail très-délicat; le
fourreau, en argent, a des ornements en filigranes.

243 — Camas circassien; la lame, damasquinée en or, a la
poignée et la garniture du fourreau ornées de turquoises. Cette arme est riche et du plus bel effet.

244 — Autre camas circassien; poignée en dent de vache marine; lame en damas avec garniture en argent niellé.

245 — Poignard malais à lame flamboyante; la poignée, en
ivoire sculpté, avec virole en or, a le fourreau en
bois revêtu d'une gaîne en or ciselé.

246 — Autre poignard malais; la lame, droite, est en damas
noir très-curieux par ses dessins ronceux; le fourreau en bois du pays.

247 — *Dito,* à lame droite très-longue, la poignée en corne et
le fourreau en bois.

248 — Poignard de sultane à poignée unie en jade vert, lame
en damas, et fourreau garni en argent doré et ciselé.

249 — Autre poignard semblable.

250 — *Dito,* poignée en jade gris, ornée de rubis.

251 — *Dito,* poignée en jade blanc.

252 — *Dito,* poignée en jade blanc, ornée d'émerandes.

253 — *Dito,* à peu près semblable au précédent.

254 — *Dito,* poignée en jade blanc, ornée d'un péridot.

255 — *Dito,* poignée en jade verdâtre.

256 — *Dito,* poignée en jade vert clair, lame en damas et fourreau garni en argent doré.

257 — Deux autres poignards, l'un à poignée en agate orientale, et l'autre à poignée de jade.

258 — Plusieurs armes malaises et autres, telles que clévan,
poignard, zagaies, javelots, arcs et flèches, seront
vendus sous ce numéro.

Sabres.

259 — Sabre albanais avec riche garniture en argent doré et
lame en damas.

260 —*Dito* turc, lame en damas, monture en argent doré.

261 —*Dito* persan, la lame en damas noir; la garniture est
incrustée d'or.

362 — *Dito* indien; la lame, la poignée et la monture sont en
damas.

263 — *Dito* persan; la lame et la garniture, en damas, ont des
incrustations en or.

264 — Sabre indien; la lame en damas est percée de dessins à
jour ornés de grains de corail, avec monture damasquinée d'or et d'argent.

265 — Sabre japonais très-curieux; la poignée, en corne de
rhinocéros, est ornée de deux petites appliques en
cuivre, dorées et ciselées, recouvertes en partie par
des tresses de soie qui enveloppent la poignée; le
fourreau, en laque noire, a ses attaches incrustées de
burgau.

266 — Autre sabre japonais à poignée de peau de requin, d'un
travail analogue au précédent; le fourreau, en laque,
est muni d'un petit couteau dont le manche, en
bronze tonquin, est orné de deux petites chimères
en relief en argent.

Épées et Yatagans.

267 — Épée mauresque très-riche; la lame, d'un damas très-
curieux, porte une inscription arabe damasquinée
en or; la garniture, en argent, est décorée de turquoises; le fourreau, en cuivre rouge, est couvert
d'ornements en relief, dont une partie est dorée.

268 — Très-belle lame d'épée en damas, avec ornements damasquinés en or.

269 — Petite épée chinoise avec garniture en cuivre ciselé.

270 — Petit yatagan de Trébisonde, avec lame en damas; la poignée, en dent de vache marine, est garnie en argent avec ornements en filigrane et corail.

271 — Autre yatagan à lame de damas et poignée en ivoire garnie en argent ciselé; le fourreau est garni en argent niellé.

272 — Huit autres yatagans à poignée d'ivoire et de corne. — Ce lot sera divisé.

Haches et Armes diverses.

273 — Hache d'arme persane, couverte d'ornements très-délicats damasquinés en or. Le manche est garni en argent doré.

274 — Deux haches à double tranchant, avec parties dorées.

275 — Autre hache du même genre, surmontée d'un fer de lance placé entre les deux tranchants.

276 — Masse d'arme en cuivre doré et ciselé.

277 — Marteau d'arme turc en damas.

278 — Carquois circassien, garni en argent doré, il est muni de ses flèches.

279 — Ceinture et giberne turques, avec fonte de pistolets, brodées en or fin.

280 — Giberne turque très-riche brodée en or fin.

281 — Fontes de pistolets brodées en or.

282 — Ceinture indienne très-riche, entièrement brodée en perles fines et pierreries.

283 — Poitrail de cheval turc, garni en cuivre doré et ciselé.

284 — Une paire d'étriers turcs, en cuivre doré.

285 — Très-belle carabine indienne; canon en damas ronceux; monture en bois avec de riches incrustations en cuivre et ivoire.

286 — Paire de pistolets turcs, garnis en argent ciselé.

287 — Pistolet albanais, garni en argent niellé.

288 — Paire de pistolets turcs, garnis en cuivre ciselé, avec
leurs fontes en cuir, garnies de petits clous.

289 — Arme indienne, nommée par les Indiens *gorkdoraw*; à
lame courbe très-forte, dont le fourreau, en chagrin
noir garni en filigrane d'argent, contient divers petits
instruments.

OBJETS DE CURIOSITÉ DIVERS.

Bronzes.

290 — Deux statuettes : l'une un Faune dansant et tenant des
cymbales; l'autre un Satyre tenant une coupe et des
raisins. Ces deux jolis bronzes florentins sont d'une
grande légèreté.

291 — Neptune sur un cheval marin, bronze ancien.

292 — Portefaix du xvie siècle, bronze florentin.

293 — Deux bustes, Henri IV et Marie de Médicis; bronzes
florentins d'une grande finesse.

294 — Petit Amour portant une coupe en spath-fluor.

295 — Bassin du xvie siècle, en fonte de cloche, dont le pourtour est richement décoré d'arabesques très-fines.

296 — Autre à couvercle et portant deux écussons armoriés.

297 — Un plus petit.

298 — Statue de la Vérité, assise. Ce beau bronze florentin,
fondu à cire perdue, est bien dans le caractère du
xvie siècle; il est attribué à Celleni.

Bijoux anciens et Orfévrerie.

299 — Bijou de la renaissance, en or fin ciselé, avec parties
émaillées avec fruits, enrichi de brillants et roses;
au milieu, une figure dont le corps est formé d'une
perle fine, et la tête en or émaillé.

300 — Cassolette en forme de cœur, entourée d'une guirlande
de fleurs en émeraudes rubis et diamants.

301 — Paire de boucles dorées, filigrane d'or, avec pendeloques
en émeraudes fines, clochettes enrichies de diamants.

302 — Médaillon, filigrane d'or avec perles fines, avec minia-
ture au milieu.

303 — Bouquet de fleurs, émaillé sur or, enrichi d'émeraudes,
rubis et roses.

304 — Rosace, filigrane en or fin enrichi de perles fines.

305 — *Dito*, même genre ; au milieu, portrait émaillé.

306 — Sévigné en or ciselé à nœud, enrichie d'émeraudes.
Ce bijou est d'une forme gracieuse.

307 —   *Dito*.

308 —   *Dito*.

309 —   *Dito*.

310 —   *Dito*, plus petit.

311 — Paire de boucles dorées, même genre.

312 —   *Dito*.

313 —   *Dito*.

314 —   *Dito*.

315 —   *Dito*.

316 — Paire de boucles d'or, garnies d'émeraudes.

317 —   *Dito*.

318 —   *Dito*

319 —   *Dito*.

320 —   *Dito*.

321 —   *Dito*.

322 —   *Dito*, à briolettes, émeraudes.

323 —   *Dito*.

324 —   *Dito* en diamants.

325 — Paire de boucles d'oreilles, en émeraudes Sévigné.

326 —   *Dito*, en diamants.

327 — Bague en émeraudes.

328 — Paire de boucles d'oreilles, filigranes en or, enrichies
de perles fines.

329 — Petit bijou en or, enrichi de perles et émeraudes.

330 — *Dito.*

331 — Petit médaillon en argent doré, avec médaillon au milieu.

332 — *Dito,* filigrane d'argent; au milieu un cheval.

333 — *Dito,* portrait de la Vierge et tête de Christ.

334 — Cadre en filigrane d'argent, surmonté d'une couronne.

335 — *Dito,* formé par une double aigle d'Autriche.

336 — *Dito.*

337 — Christ dont la croix est en filigrane d'argent.

338 — Tabatière en or ciselé, garnie d'émaux avec sujets flamands d'après Teniers; à l'intérieur un portrait.

339 — Chapelet en or, avec croix en filigrane; joli travail.

340 — *Dito,* garni de petites boules en ivoire, avec trois médailles en or au bas.

341 — Chapelet, même genre.

342 — *Dito,* en argent filigrane.

343 — Petit étui, filigrane d'argent.

344 — Petit coffret en argent, avec fleurs et oiseaux en relief. Ouvrage chinois.

345 — Joli bracelet, garni de quarante petits camées du xvi⁰ siècle; le cadenas est garni d'une pierre onyx entourée de brillants.

346 — Médaille de mariage en argent, gravée, avec sujets : la Samaritaine et les Noces de Cana.

347 — Grand vase repoussé avec bas-reliefs représentant des figures allégoriques, des fruits et des ornements divers; le couvercle est surmonté d'une petite figurine. Ce vase, de travail allemand du xvi⁰ siècle, est d'une très-belle forme et d'un ensemble très-agréable.

348 — Pot à bière, avec médailles allemandes incrustées dans l'épaisseur.

349 — Grande timbale avec monnaies allemandes enchâssées dans l'épaisseur et au pourtour.

350 — Deux plus petites timbales, semblables à la précédente.

351 — Deux petites coupes à anses, avec ornements repoussés.

352 — Petite coupe sur pied, composée d'ornements à jour; dans l'intérieur, une écrevisse.

353 — Plaque de ceinture orientale, en argent doré, avec rosaces et ornements en filigrane, enrichie de grenats et de turquoises.

354 — Ceinture du xvie siècle, composée de chaînettes et ornements en relief.

355 — Sautoir du xvie siècle; filigrane en argent doré.

356 — Médaillon formant cassolette; d'un côté la Vierge, de l'autre le Christ.

357 — Collier de chevalier du xvie siècle; il est de travail oriental, avec médaillon en filigrane enrichi de grenats.

358 — Quatre cuillers avec ornements gravés; le bout des manches se termine par des figures de saints.

359 — Cinq autres à peu près semblables.

360 — Deux belles coupes, avec bas-reliefs et ornements repoussés dans le style de la renaissance; l'une offre le jugement de Pâris, et l'autre Moïse frappant le rocher. Ces deux objets sont d'une très-belle exécution.

361 — Grand calice du temps de Louis XIII, avec ornements repoussés et ciselés; enrichi de pierres fines, et de petits émaux représentant divers sujets de la vie du Christ.

362 — Petit vase à couvercle, du xvie siècle, avec ornements, mascarons et bas-reliefs représentant des divinités du paganisme, d'un travail très-fin. Sur le couvercle, une petite figure de guerrier casqué.

363 — Gobelet à pied élevé; il est couvert d'ornements repoussés.

364 — Gobelet de forme baroque, orné de gravures et ornements repoussés, avec découpures d'argent en blanc autour du pied.

365 — Petit verre à pied, avec ornements d'applique, découpés
à jour et émaillés.

366 — Grande timbale, avec feuillages et fleurs gravés.

367 — Autre timbale à couvercle, avec ornements et bas-reliefs repoussés.

368 — Vase en forme d'oiseau (chouette); dont la tête forme
le couvercle.

369 — Pot à bière allemand, avec écusson généalogique aux
armes de l'empire, et date de 1656.

370 — Petit ostensoir du temps de Louis XV; les ornements
sont repoussés.

Verreries allemandes et autres.

371 — Grand vidercome allemand, avec armoiries de Saxe-
Gotha et Cobourg, émaillées en couleur et date
de 1638. Dans le haut, une bordure émaillée sur
fond doré.

372 — Vidercome semblable, aux mêmes armes et date.

373 — *Dito,* portant la date de 1617.

374 — Très-grand vidercome aux armes impériales, des élec-
torats et des villes qui relèvent de l'empire, émaillées
en couleurs vives.

375 — *Dito,* décoré de deux écussons aux armes de Brandbourg et de Poméranie, avec ornements divers,
émaillés en couleur, et date de 1631.

376 — *Dito,* aux mêmes armes, et date de 1621.

377 — Très-beau vidercome émaillé, sur lequel est représenté
l'empereur sur son trône, entouré des électeurs d'Al-
'lemagne en grand costume, portant chacun l'écusson armorié de son électorat, avec inscription allemande, et date de 1595.

378 — Vidercome à couvercle, sur lequel est représentée une
montagne du Harz et les fleuves qui en découlent,
avec inscription allemande.

379 — Vidercome émaillé, sur lequel sont représentés à cheval l'empereur d'Allemagne et les électeurs de Saxe et de Mayence, avec date de 1617. .

380 — Vidercome à couvercle.

381 — Petit vidercome avec deux écussons armoriés et émaillés.

382 — *Dito,* du même genre.

383 — *Dito,* aux armes de Saxe-Cobourg, et date de 1685.

384 — Grand et beau flacon à thé, de forme carrée, en verre bleu émaillé, aux armes de Saxe, et date de 1674.

385 — *Dito,* en verre blanc émaillé, aux mêmes armes.

386 — Vidercome de la famille Nicolas Spister, composée de huit personnages émaillés en couleur, avec date de 1661.

387 — Joli petit vidercome émaillé, aux armes de Saxe et de Pologne, orné de cercles émaillés en blanc et dorés.

388 — Joli petit verre émaillé, avec armoiries, et date de 1621.

389 — Autre verre émaillé, avec armes, chiffres et date de 1688.

390 — Joli petit verre à pied émaillé, avec devise latine.

391 — Plateau émaillé avec écussons armoriés.

392 — Vase à couvercle, en verre gravé, avec sujets emblématiques, arabesques et inscriptions latines; sur le couvercle des écussons armoriés.

393 — Deux bouteilles à côtes à filets émaillés en blanc.

394 — Deux jolis petits verres à pied, dont les ornements à jour sont bleus.

395 — Deux burettes à desseins émaillés en blanc.

396 — Une *dito,* petite, à veines blanches.

397 — Joli verre à couvercle, avec ornements en relief, et gravés.

398 — Verre à couvercle, à filigranes blancs.

399 — Vidercome à filets blancs, disposés en spirale.

400 — Verre à pied, avec ornements en relief.

401 — Très-joli verre vénitien, à filets blancs entrecroisés,
    d'une grande finesse.

402 — Sucrier à couvercle, en verre blanc, gauffré.

403 — Gobelet à filets blancs et réseau.

404 — Autre gobelet à filet blanc en spirale.

405 — Joli verre à pied élevé, formé par deux dragons en
    verre blanc.

406 — Jolie petite coupe à huit pans, en verre gravé.

407 — Verre à pied élevé et à couvercle, avec sujet de chasse,
    dessiné en or, et placé entre deux verres.

408 — Grand verre à couvercle en verre violet, dont le pied
    élevé est en verre blanc.

409 — Verre à pied et à couvercle, entièrement couvert d'ara-
    besques gravées.

410 — Verre à pied, élevé et à couvercle, avec ornements et
    armoiries gravés en creux.

411 — Un autre, avec armoiries et chevalier armé, gravés en
    creux.

412 — Grand verre à pied, très-élevé et à couvercle, avec sujet
    de combat, gravé en creux.

Émaux de Limoges et autres.

413 — Joli coffret composé de cinq plaques; émail colorié of-
    frant des médaillons à paysages, et jolies arabesques.

414 — Portrait de saint Louis.

415 — Jolie grisaille : Alexandre, et

416 — Le départ d'Adonis pour la chasse.

417 — Les douze empereurs romains.

418 — Cinq médaillons coloriés, représentant des saints.

419 — Six médaillons ovales; émail colorié, de Limoges, re-
    présentant des personnages célèbres à cheval, tels
    que l'archevêque Turpin, Roland, etc.

420 — Petite coupe ovale; au milieu une grisaille représen-

tant une femme au bain ; le pourtour est à cartouches de fleurs, alternativement coloriées et gri-
sailles.

421 — Petit médaillon ovale : Orphée, émail colorié.

422 — Aiguière et son plateau, forme coquille, en émail de
Chine, très-riche, de couleurs variées.

Grès anciens et Faïence.

423 — Petite cruche grès gris, avec bas-relief représentant
des personnages portant des écussons armoriés ; couvercle en étain.

424 — Autre cruche du même genre ; bas-relief représentant
une muse.

425 — Pot à bière en grès brun, avec cariatides, ornements
et portraits en bas-relief.

426 — Cruche à bidon, grès brun, avec ornements en relief.

427 — Pot à tabac, grès brun, avec ornements en relief.

428 — Autre très-petit, grès brun : les Quatre Évangélistes en
relief.

429 — Ours en grès brun, portant un écusson armorié.

430 — Vase en grès brun, garni en étain, avec bas-relief colorié, représentant Jésus-Christ et les Apôtres.

431 — Pot·à bière de forme basse, grès brun, avec bas-relief
émaillé en couleur, représentant une chasse à l'ours ;
au milieu un écusson armorié.

432 — Deux jolis petits vases, grès brun, avec armoiries en
relief, et émaillés en couleur.

433 — Très-joli petit pot à bière en grès brun ; au pourtour
sont représentés, en bas-relief émaillé en couleur,
sept divinités du paganisme avec leurs attributs.

434 — *Dito,* de forme basse, grès brun, avec bas-relief émaillé
en couleur ; le couvercle, en étain, surmonté d'un
cerf.

435 — *Dito*, de même forme; au pourtour, de jolis dessins émaillés et dorés.

436 — Très-joli petit pot à bière en grès brun, avec portrait et ornement en relief émaillé en couleur.

437 — Un autre du même genre, avec écusson armorié.

438 - Joli pot à bière en grès gris, avec rosaces et mascarons émaillés en couleur. Le couvercle en étain.

439 — Petite cruche en grès gris, avec ornements en relief émaillés en bleu.

440 — Grande cruche, avec bas-reliefs émaillés en couleur, représentant, dans le bas, les travaux d'Hercule; dans le haut, des portraits, dont celui de Maximilien occupe le centre; au dessous, les armes de l'empire.

Meubles.

441 — Deux armoires en bois sculpté, du xvie siècle; les angles coupés ont des pilastres à médaillons, dans le style de Louis XII. Les panneaux qui forment les côtés et les portes, sont riches d'arabesques avec figures allégoriques sur l'un; sur l'autre, des sujets tirés de la vie des saints.

442 — Table en bois sculpté, sur pieds, à double console riche de sculpture, réunis par une traverse sculptée, qui supporte trois cariatides.

443 — Quatre fauteuils à pieds tors et dos sculptés.

444 — Deux très-jolies chaises, dont les dos, sculptés, sont d'un travail très-soigné et riche; elles sont couvertes en soie.

445 — Grand fauteuil sculpté, couvert en soie verte.

446 — Huit chaises de salle-à-manger, tout en bois, dont les dos sont sculptés, et offrent des masques au milieu d'ornements.

447 — Deux petites torchères à colonnes torses.

448 — Très-joli meuble à deux corps, du temps de Henri II,
dont la partie supérieure est fermée par une seule
porte sculptée, de la plus belle composition; de
de chaque côté, des cariotides; au-dessus, un fronton. La partie inférieure est fermée à deux venteaux
sculptés avec arabesques; toute la sculpture de ce
beau meuble est rehaussée d'or et enrichie de plaques
de lapis lazuli.

449 — Très-beau bahut du temps de Louis XII, à panneaux
sculptés du meilleur goût, séparés entre eux par des
pilastres.

450 — Jolie petite table; le dessus en marqueterie de bois
d'un beau travail, représente un paysage. Le pied
est en bois sculpté.

451 — Grand meuble en bois sculpté, à deux corps et à fronton riche; il ferme à quatre venteaux : ceux du haut
sont ornés de figures, placées sous des espèces de
portiques et d'arabesques; sur les côtés et au milieu,
des cariatides.

452 — Cabinet du temps de Henri III, en marqueterie de bois
de racine; il est garni de ses ferrures en fer ciselé et
doré, et placé sur un pied à colonnes torses.

453 — Pendule dite à la religieuse, à colonnes en marqueterie
de cuivre, étain et écaille; dans le fronton, se trouve
un écusson armorié. Les cuivres sont dorés.

Objets divers.

454 — Coupe en corne de rhinocéros, sculptée; au pourtour
une branche de vigne avec des raisins et des écu-
reuils. Travail chinois.

455 — Pot à bière sculpté, décoré d'un bas-relief représentant Adam et Ève dans le Paradis terrestre. La monture, en argent ciselé, a sur le couvercle un camée
en pierre dure.

456 — Cuiller en cornaline orientale, avec manche en argent niellé.

457 — Trois autres cuillers en calcédoine orientale, d'une belle qualité mamelonnée; les manches en argent niellé.

458 — Joli petit coffret en ébène, orné de bas-reliefs en argent repoussé.

459 — Coffret en ébène, avec plaques en écaille incrustées de fleurs en argent; la monture en argent doré.

460 — Coffre du XVIe siècle, en fer découpé à jour.

461 — Deux vases en porcelaine de Saxe, fond bleu; décorés de riches arabesques, grisaille et or, avec deux médaillons à sujets grisaille.

462 — Théière chinoise en pierre de lard sculptée, entourée d'une branche de vigne; l'anse est formée par un écureuil.

463 — Très-beau vase chinois, carré, en jade gris sculpté, avec ornements à jour sur les angles. — Ce vase est d'une dimension rare pour cette substance.

464 — Vase à une anse et à couvercle en jade vert. Ce vase, entièrement évidé, est d'un travail remarquable.

465 — Petite poire à poudre en jade blanc, avec ornements sculptés en relief.

466 — Très-jolie et grande cuiller en jade vert, figurant une branche de nénufar.

467 — Vase formé d'un coco sculpté, avec sujet, les Vertus théologales; la monture en argent repoussé et ciselé.

468 — Autre, formé d'un coco brut; également monté en argent; sur le couvercle, une figurine.

469 — Pot à bière, en bois de racine sculpté, entièrement couvert d'arabesques en relief.

470 — Grande table carrée, en pierre lithographique, entièrement couverte de gravures, offrant un calendrier perpétuel, et une grande quantité de sujets mythologiques et autres, avec la date de 1600, et le nom de

l'artiste. — Cet objet, déjà précieux par son genre et
le style de ses ornements, est du plus haut intérêt
sous le rapport de l'art lithographique. On conserve,
au cabinet des estampes du musée de Munich, une
pierre analogue, mais d'une bien moindre dimension;
le musée de Vienne en possède une autre, moins importante encore. Celle-ci est d'une dimension extraordinaire; celle est entourée d'une bordure d'arabesques, en marqueterie de bois, du même temps.

471 — Sorte de socle en ébène, de forme contournée, et garni, au pourtour, de plaques d'arabesques en relief,
du plus beau style de la renaissance, en cuivre doré;
il renferme de petits tiroirs, contenant des cartons à
médailles.

472 — Coffret en fer, entièrement couvert de jolies arabesques
damasquinées en or et argent, d'une grande finesse
d'exécution. Ouvrage du xvie siècle.

473 — Petite horloge de bureau du xvie siècle, à six pans, en
cuivre doré, avec cadran en argent et mouvement
horizontal.

474 — Autre horloge du même genre, de forme carrée; aux
quatre angles, des figures de génies ailés.

475 — Sept petites figures de femmes en ivoire, avec divers
attributs.

476 — Deux jolis bas-reliefs en corne de cerf; sujets de
chasse. Beau travail allemand.

477 — Petit bas-relief; sujet : saint Christophe et l'Enfant
Jésus.

478 — Grand et beau pot à bière, en ivoire, avec bas-reliefs
sculptés, représentant des Tritons et des Naïades;
la monture riche, en argent doré; sur le couvercle,
un bas-relief représentant deux enfants assis sur une
coquille voguant sur l'eau; la sculpture est d'un travail flamand.

479 — Très-joli petit pot à bière, en ivoire, d'une sculpture
très-fine, représentant des Tritons, des Naïades et des
poissons, avec monture riche, en argent doré; le
couvercle est surmonté d'une petite figurine d'enfant
soufflant dans un cornet.

480 — Plusieurs jolis vitraux, grisaille et coloriés, seront
vendus sous ce numéro.

TABLE DES MATIÈRES.